PREDADORES MORTALES

Camilla de la Bédoyère

QEB

QEB Publishing

Creado para QEB Publishing por Tall Tree Ltd
www.talltreebooks.co.uk
Editores: Jon Richards y Rob Colson
Diseñador: Jonathan Vipond
Ilustración pág. 18–19:
Mick Posen/www.the-art-agency.co.uk

Publicado en los Estados Unidos por
QEB Publishing, Inc.
3 Wrigley, Suite A
Irvine, CA 92618

www.qed-publishing.co.uk

Información disponible sobre el registro CIP de la
Biblioteca del Congreso.

ISBN 978 1 60992 355 6

Impreso en China

Fotografías
(t=arriba, b=abajo, l=izuierda, r=derecha, c=centro,
fc=portada bc=contraportada)
Alamy: 1 Steve Bloom, 10–11 Wildlife GmbH, 14–15 Mark
Conlin, 15br David Fleetham, 20–21 Gerry Pearce, 24–25
Alaska Stock, 26 blickwinkel, 26–27 Amazon-images;
Corbis 4–5 ML Sinibaldi, 11 DLILLC, 12 Thomas Kitchin &
Victoria Hurst/All Canada Photos, 17t Tom Brakefield, 17b
Theo Allofs; **Dreamstime:** 28bl Yaireibovich; **FLPA:** bctl
Pete Oxford, 7tr Malcolm Schuyl, 22bl Hiroya Minakuchi/
Minden Pictures, 29br Peter Davey; **Getty:** 12–13 Robert
Postma, 16 Vivek Sinha, 24bl Daniel J Cox, 25br Altrendo
Nature; **Nature Picture Library:** 2–3 Alex Mustard, 7b
Doug Perrine, 8–9 Doug Perrine, 9t Dan Burton, 14b Alan
James, 23t Alex Hyde, 24–25 Alex Mustard, 25t David
Fleetham, 26–27 Doug Perrine, 30–31 Jeff Rotman; **NHPA:**
bctl Andre Baertschi, 5t Martin Harvey, 6–7 Joe McDonald,
9b Daniel Hueclin, 21t Woodfall/Photoshot, 22–23 Gerard
Lacz, 28–29 Nick Garbutt, 30 Jordi Bas Casasj; **NPL:** fc
Juan Carlos Munoz, 5br Inaki Relanzon, 31r Andy Rouse;
Shutterstock: bctr Bonnie Fink, bcb neelsky; **SPL:** 3,9t
Merlin Tuttle/Bat Conservation International, 8–9 Tom
McHugh, 27t Visuals Unlimited, 31l John Shaw.

Las palabras en **negrita** se definen en el glosario de la página 32.

¿ATERRADOR!

Busca esta clasificación. Ella te indica qué tan aterrador y peligroso es cada predador.

1--un poco aterrador

2--algo aterrador

3--aterrador

4--¡RÁPIDO! ¡ALÉJATE!

5--¡AY! DEMASIADO TARDE

CONTENIDO

Tamaño real

Aprende sobre este vampiro en la página 8.

LEÓN

El león es un felino grande poco común. Al igual que muchos **predadores**, tiene armas letales que usa para atrapar a su **presa**. Al contrario que muchos predadores, el león caza en grupos.

Hasta los leones **mansos** pueden atacar a las personas si es hora de comer.

El león es fuerte e inteligente. Tiene un excelente sentido de la vista y el olfato, lo cual le ayuda a encontrar antílopes y cebras. Este mamífero viven y caza en grupos llamados manadas.

SOBRE EL PREDADOR

Longitud: 8,2 pies (2.5 m) de largo

Hábitat: selvas africanas

Dónde: centro y sur de África

Armas: garras y dientes poderosos

¿ATERRADOR?

DATOS MORTALES

El león caza con más éxito en las noches. En la oscuridad, la presa no puede ver que el león la está **acechando**.

Las leonas son las que más cazan. Acechan a su presa moviéndose sigilosamente hasta que es hora de atrapar a su víctima, luego, comparten la comida con la manada. Un macho adulto puede comer hasta 95 libras (43 kg) en un día, ¡el peso de un niño de 13 años!

Diente canino

Tamaño real

2 pulg. (5 cm)

Razones para matar

Cazar tu alimento es una tarea difícil, pero gratificante. La carne contiene energía, así que el predador sólo tiene que comer pocas veces. Por el contrario, los animales que comen plantas tienen que pasar más tiempo alimentándose para obtener la energía suficiente para vivir.

5

PÁJARO SECRETARIO

El ave de rapiña tiene el pico curvo, el cual usa para arrancar la carne de su presa

Las aves de rapiña son los dueños del firmamento. La mayoría de ellos tienen **garras** afiladas, picos ganchudos y alas enormes que le permiten bajar en picada a través del cielo para atrapar a su presa.

DATO MORTAL

Cuando el pájaro secretario ataca a una culebra, agita sus alas para distraerla.

Las largas patas de este pájaro le permiten correr a gran velocidad.

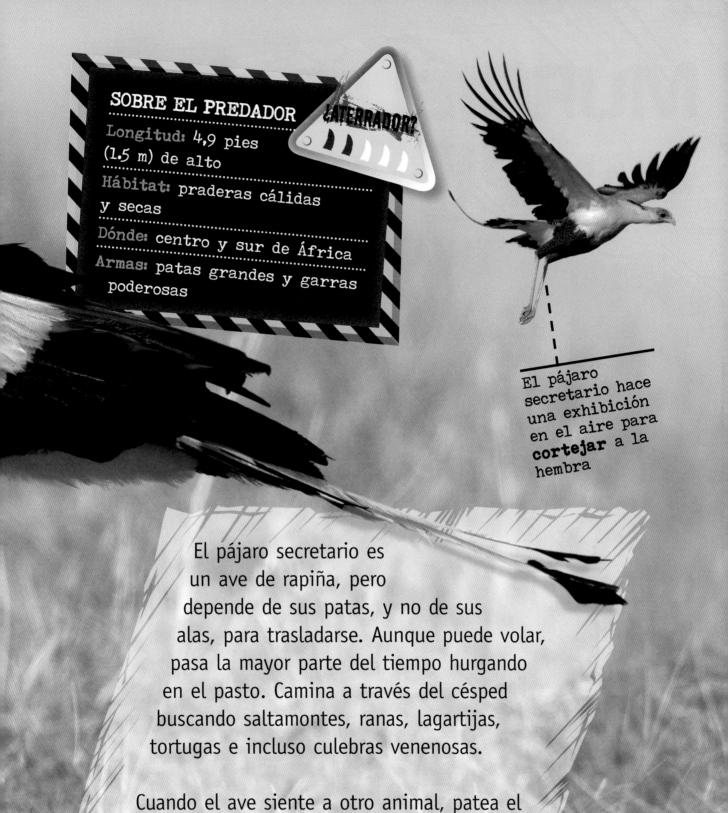

El pájaro secretario hace una exhibición en el aire para **cortejar** a la hembra

El pájaro secretario es un ave de rapiña, pero depende de sus patas, y no de sus alas, para trasladarse. Aunque puede volar, pasa la mayor parte del tiempo hurgando en el pasto. Camina a través del césped buscando saltamontes, ranas, lagartijas, tortugas e incluso culebras venenosas.

Cuando el ave siente a otro animal, patea el pasto para ponerlo al descubierto. Cuando el animal trata de escapar, este pájaro lo persigue y pisa fuertemente hasta matarlo.

MURCIÉLAGO VAMPIRO

Pocos son los predadores que tienen peor reputación que el murciélago vampiro. No es de extrañarse dado a su rostro feo, "colmillos" desagradables y su hábito de chupar sangre.

Los vampiros sienten el calor del cuerpo con sus narices.

SOBRE EL PREDADOR

Longitud: 3,75 pulg. (95 mm) de largo

Hábitat: bosques, praderas y desiertos

Dónde: Centroamérica y América del Sur

Armas: pequeños dientes afilados

¿ATERRADOR?

Los vampiros pueden correr hasta 5 millas (8 km) por hora.

7 pulg. (18 cm)

Las alas de los murciélagos tienen huesos largos cubiertos con un tejido flexible.

Los murciélagos son mamíferos, es decir, tienen pelos en su cuerpo y alimentan a sus crías con leche. Son los únicos mamíferos voladores del mundo. La mayoría de ellos cazan presas que vuelan, como las polillas.

Sin embargo, el murciélago vampiro se alimenta de sangre. Busca en la tierra presas de sangre caliente. Un vampiro muerde la piel de su víctima con sus pequeños dientes. Cuando la sangre sale, el murciélago la lame.

Alimentación sin dolor

Los afilados dientes del vampiro pueden rasgar la piel sin que la víctima lo sienta, porque el murciélago produce una sustancia que disminuye el dolor. Los canales que tienen en la lengua le ayudan a llevar la sangre hacia su garganta.

9

CHIMPANCÉ

Algunos científicos piensan que el chimpancé es el más impresionante de todos los predadores. Es rápido e inteligente, y anda en pandilla para perseguir y matar a otros animales.

Cuando se siente amenazado, el chimpancé muestra los dientes.

Carpintero

Al igual que los humanos, el chimpancé
fabrica herramientas para cazar.
Arranca un pedazo de corteza de una
rama, la afila y luego la usa
para matar animales
pequeños. También usa
ramillas para cavar en
los nidos de las termitas.

DATO MORTAL

*El chimpancé es nuestro
pariente más cercano, y
uno de los animales más
inteligentes.*

Por mucho tiempo, los científicos
pensaron que el chimpancé se
alimentaba sólo de frutas, hojas,
nueces, raíces e insectos. Luego
descubrieron que también caza
cerdos y monos, e inclusive mata
chimpancés de otras familias.

Estos simios cazan cooperando unos
con otros, es decir, trabajan juntos
y cada uno cumple diferentes
funciones. Un chimpancé persigue
a un mono a través de los
árboles, mientras el otro le
bloquea el paso y el
tercero espera para
emboscarlo.

¿ATERRADOR?

SOBRE EL PREDADOR

Longitud: 35,4 pies
(90 cm) de alto

Hábitat: bosque tropical
lluvioso

Dónde: África Central

Armas: manos y dientes

11

GLOTÓN

El glotón no es más grande que un perro, pero es lo bastante feroz como para atacar a un oso.

Este animal vive en las zonas frías del norte, en donde la comida escasea. Tiene un pelaje largo y grueso que lo mantiene caliente.

Siempre está en movimiento y caza animales más grandes que él, como los venados. Da grandes brincos para perseguir a su presa y luego lo atrapa con sus fuertes mandíbulas.

El glotón puede matar a una presa mucho más grande que él.

Sus mandíbulas
son tan fuertes
como las de un
cocodrilo.
Pueden triturar
los grandes
huesos de un
caribú y un
venado.

DATO MORTAL

El glotón no es solo un
predador, también es
carroñero, es decir, come
carne de animales
muertos que encuentra
a su paso.

Sus patas anchas
y peludas le
ayudan a caminar
en superifcies
congeladas.

SOBRE EL PREDADOR

¿ATERRADOR?

Longitud: 39,4 pulg.
(100 cm)

Hábitat: bosques y montañas

Dónde: regiones del norte

Armas: mandíbulas enormes y
dientes fuertes

ANGUILA ELÉCTRICA

No todos los predadores dependen de sus mandíbulas y garras para atrapar a sus presas. La anguila eléctrica es un pez que **aturde** y mata a su presa de manera electrizante.

Este pez vive en las aguas oscuras y turbias del río Amazonas, en donde encontrar alimento puede ser un desafío. La anguila elétrica no tiene buena visión, en su lugar, emite suaves pulsos eléctricos para encontrar su camino, como un **radar**.

Una anguila eléctrica también tiene órganos eléctricos a los largo de su cuerpo, los cuales producen repentinas descargas eléctricas para electrizar a la presa o a cualquier predador que se acerque demasiado.

SOBRE EL PREDADOR

¿ATERRADOR?

Longitud: hasta 9,1 pies (280 cm)

Hábitat: selvas, montañas y junglas

Dónde: Sudesde de Asia

Armas: dientes y garras

18

La descarga de una anguila eléctrica es tan fuerte que puede tumbar a un caballo.

Dulce espera

La morena acecha en zonas oscuras y espera a que su alimento nade en frente de ella. Con sus dos pares de mandíbulas atrapa a su presa y la arrastra hacia su garganta. Algunas morenas producen **toxinas** en su piel.

La morena tiene dientes grandes, que usa para arrancar pedazos de carne de su presa.

TIGRE

El tigre es el felino y predador más grande de todos. Este majestuoso animal combina la belleza, el **sigilo** y la velocidad con su instinto asesino.

La mayoría de los tigres viven y cazan solos. Patrullan su zona, llamado territorio, en búsqueda de otros tigres o animales. Este felino tiene un gran sentido del olfato, el cual lo ayuda a encontrar a las presas que se esconden en la jungla.

Las rayas del tigre son un **camuflaje** para esconderse de su presa.

El tigre caza a su presa acechándola y acercándose sigilosamente, para luego atacarla con rapidez. Este felino puede brincar hasta 32 pies (10 m) de largo para atacar a su víctima. El tigre usa las patas delanteras para mantener a la presa en el suelo, mientras le muerde la garganta con sus fuertes mandíbulas. Sin embargo, muchos de estos animales escapan y sólo 1 de cada 10 presas mueren.

DATO MORTAL

Existieron ocho especies de tigres, pero tres de ellas se han extinguido en los últimos 60 años.

El tigre siberiano vive en las altas montañas. Ahí caza venados y mamíferos pequeños..

Gran apetito

El tigre puede atacar a animales grandes, como cerdos, venados y monos. Incluso puede cazar elefantes y rinocerontes bebés. Una vez que mata a su presa, el tigre se **atraganta** de carne. Puede comer hasta 88 libras (40 kg) de una sola vez. Es posible que regrese al cadáver para seguir alimentándose en los próximos días.

Pasa la página para ver de cerca al

MORTAL
TIGRE

17 20

DEMONIO DE TASMANIA

DATO MORTAL

El demonio de Tasmania tiene las orejas rosadas, pero se ponen rojas cuando está muy molesto.

El demonio de Tasmania bien se merece su nombre. Es violento, muy malhumorado y famoso por sus aterradores chillidos nocturnos.

Las patas delanteras son flexibles y le permite sostener su alimento.

La lucha por el alimento

El demonio de Tasmania tiene un gran sentido del olfato. Si uno de ellos está alimentándose, los otros detectan el olor y se acercan para participar en el banquete. A veces ocurren peleas, pero generalmente solo gruñen.

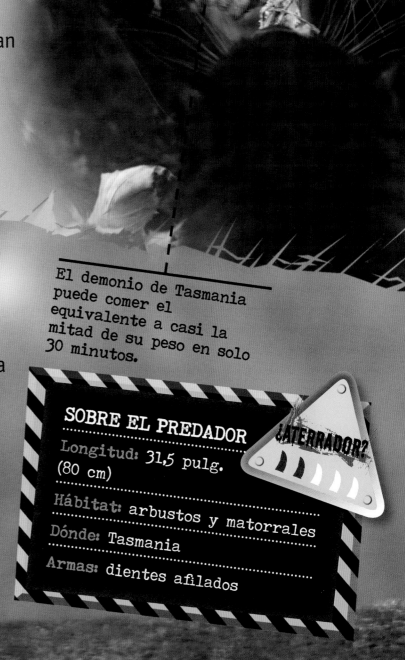

El demonio de Tasmania parece un oso pequeño, pero es en realidad un **marsupial.** Es una especie de mamífero que da a luz a sus crías, que luego van a crecer dentro de una bolsa en el cuerpo de su madre.

Estos predadores sobreviven comiendo carne, que obtienen matando animales como pequeños canguros y zarigüeyas, o hurgando en la basura.

El demonio de Tasmania puede comer el equivalente a casi la mitad de su peso en solo 30 minutos.

SOBRE EL PREDADOR

Longitud: 31,5 pulg. (80 cm)

Hábitat: arbustos y matorrales

Dónde: Tasmania

Armas: dientes afilados

¿ATERRADOR?

BALLENA ASESINA

Existe un predador que es temido hasta por el tiburón blanc: la orca o ballena asesina. Este mamífero marino es fácil de reconocer por su cuerpo de llamativas manchas blancas y negras.

Trabajo en equipo

A menudo, la ballena asesina vive, viaja en grupos y trabaja en equipo para atrapar a su presa. Algunos grupos comen peces mientras que otros prefieren cazar focas y otras ballenas.

Las ballenas asesinas son cazadoras astutas. Algunas se arriesgan a **encallar** por sí mismas para atrapar a las focas que están en las costas.

Una ballena asesina trata de atrapar a un león marino. Debe tener mucho cuidado para no encallar en la orilla.

Esta ballena es una cazadora astuta y además, se alimenta de muchos tipos de animales. Los delfines, ballenas, tiburones, tortugas, focas y peces, tienen buenas razones para temerle a las ballenas asesinas.

¿ATERRADOR?

SOBRE EL PREDADOR

Longitud: 29,5 pies (9 m)

Hábitat: océano

Dónde: todo el mundo

Armas: cola, cabeza y dientes

23

LOBO

El lobo siempre aparece en cuentos de hadas y leyendas como un ser malvado y astuto. Efectivamente, el lobo es un predador inteligente y le gusta el peligro.

Al lobo le crece un pelaje grueso en el invierno.

SOBRE EL PREDADOR

¿ATERRADOR?

Longitud: 4,9 pies (150 cm)

Hábitat: montañas y bosques fríos

Dónde: territorios del norte

Armas: dientes afilados y fuertes mandíbulas

Bestias singulares

Los lobos tenían el hábito de deambular por todo el mundo, pero ahora se encuentran principalmente en los bosques del norte. Viven en manadas dominadas por un macho y una hembra líder: la **pareja alfa**.

La hembra alfa es la única que da a luz en la manada.

24

Cuando la presa está cerca, los lobos comienzan la caza, que puede durar horas. Trabajan en equipo y a veces se separan para confundir a la presa y atacarla desde todo ángulo.

Sus fuertes mandíbulas pueden triturar huesos.

DATO MORTAL

El lobo gris es el miembro más grande de la familia de los cánidos, y todos los perros domésticos son descendientes de los lobos.

Los lobos aullan para mantenerse en contacto a largas distancias.

Al igual que los perros, el lobo tiene un gran sentido del olfato y puede oler a su presa, como conejos, a más de una milla de distancia. También puede oír sonidos a 6 millas (10 km) de distancia.

25

PIRAÑA

Dicen que un grupo de pirañas puede despedazar a una vaca en minutos. ¡Es una realidad aterradora! Este pez vive en grandes grupos llamados cardúmenes, y se alimenta principalmente de insectos, peces pequeños y camarones.

Los dientes de la piraña son puntiagudos y afilados.

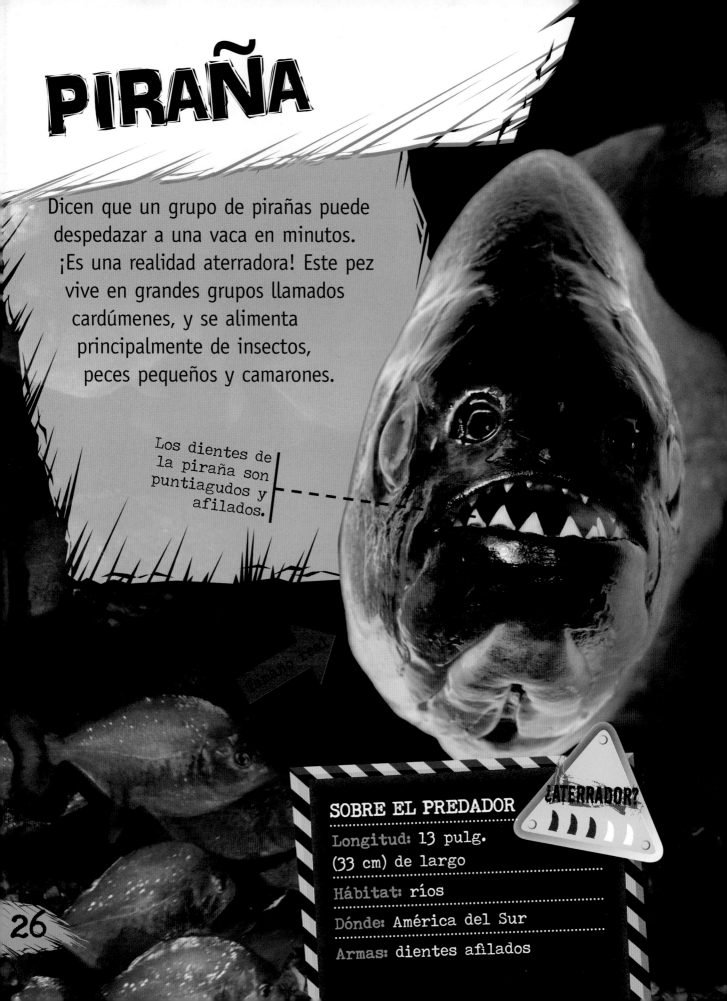

Tamaño real

¿ATERRADOR?

SOBRE EL PREDADOR

Longitud: 13 pulg. (33 cm) de largo

Hábitat: ríos

Dónde: América del Sur

Armas: dientes afilados

Cortar y rasgar

Una piraña puede devorar la carne fácilmente porque sus fuertes mandíbulas tienen grandes dientes triangulares que parecen una máquina de cortar y rasgar.

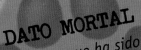

DATO MORTAL

La gente que ha sido atacada por pirañas, ha perdido dedos de las manos y de los pies por completo.

Las pirañas se alimentan al amanecer y al atardecer, cuando hay poca luz del sol y pueden esconderse detrás de las plantas, a menudo en grupos de hasta 30 peces. La mayoría de las pirañas atacan solas.

De vez en cuando, varios cardúmenes se reúnen en grupos más numerosos para atacar y alimentarse de animales más grandes. Sin embargo, esto sucede rara vez y probablemente cuando hay escasez de comida.

27

TEJÓN MELERO

El tejón melero parece un animal dulce, pero en realidad es un predador feroz. Es una bestia programada para golpear y matar, y lo hace sin importar a quién ataca.

DATO MORTAL

El tejón melero puede matar a un cocodrilo pequeño y a una serpiente pitón, que mide más de 10 pies (3 m) de largo.

El tejón melero vive solo y se une a los de su especie una vez al año para reproducirse.

Este predador explora cada esquina en busca de comida. Excava huecos para buscar gusanos y hormigas, sube árboles para robarse la miel y las larvas de las colmenas. Incluso sube a las ramas más altas para llevarse los huevos de las aves de rapiña.

Se necesita mucho coraje para molestar a un león que está comiendo, y luego hacer que se aleje de su presa. Pero el tejón melero está dispuesto a hacerlo si está buscando algo para almorzar.

La piel gruesa alrededor del cuello y las orejas pequeñas lo protegen de heridas cuando pelea.

Mejores amigos

El pájaro miel se posa cerca de las colmenas y le muestra al tejón melero para dónde ir. Una vez que el tejón abre la colmena, el pájaro miel se acerca para darse un festín de abejas y cera.

OSO POLAR

El oso pardo y el oso polar son los carnívoros más grandes del mundo. Aunque el oso pardo es feroz, no se puede comparar con el cruel método para cazar que usa el oso polar.

El oso polar se alimenta principalmente en invierno, cuando pueden cazar en aguas congeladas.

SOBRE EL PREDADOR

Longitud: 11,1 pies (3,4 m)

Hábitat: regiones y océanos congelados

Dónde: Polo Norte y norte de Canadá

Armas: garras y dientes afilados

¿ATERRADOR?

El oso polar es un cazador feroz y se alimenta principalmente de ballenas, delfines y focas. Hay pocas plantas en el Polo Norte, así que no puede comer bayas ni frutas al igual que otros osos.

El oso polar puede sobrevivir hasta ocho meses sin alimento. Es un gran nadador y puede correr cortas distancias tan rápido como un humano. Puede caminar tan lejos como 3.100 millas (5.000 km) en un año.

Tamaño real

12 pulg. (30 cm)

Carne de foca

Para cazar su comida favorita, la foca, el oso polar espera en el orificio del hielo donde las focas sacan la cabeza para respirar. Un golpe rápido y fuerte con sus enormes garras, y un fuerte mordisco es todo lo que necesita para cazar su almuerzo.

Las grandes patas ayudan al oso a caminar y nadar rápidamente.

GLOSARIO

acechar
Seguir a una presa con sigilo. El predador ataca a su presa cuando ya está muy cerca.

atiborrar
Comer gran cantidad de comida de una vez.

aturdir
Golpear a un animal repentinamente.

camuflaje
La apariencia de un animal que lo ayuda a esconderse de sus predadores.

cortejo
Ritual, como exhibición de vuelos, que los animales realizan para conseguir pareja.

emboscada
Lanzar un ataque sorpresivo desde un escondite.

encallar
Cuando un animal marino, como una ballena, queda varado en la orilla del mar.

garra
Las uñas fuertes y afiladas de las aves de rapiña.

manso
Animal que no es bravo.

marsupial
Un mamífero, como el canguro o el demonio de tasmania, que da luz a su cría, la cual crece en una bolsa en el cuerpo de la madre.

pareja alfa
El macho y la hembra líderes en un grupo, como en una manada de lobos.

predador
Animal que caza a otros animales para comer.

presa
Animal cazado por un predador.

radar
Un sistema que usa ondas para detectar objetos. Las ondas rebotan en los objetos que están a su paso.

sigilo
Habilidad de moverse silenciosamente. Esto permite a los predadores, como el tigre, acercarse a su presa sin ser visto.

toxina
Veneno que producen algunos animales y plantas para atacar a su presa o para defenderse de un ataque.

MÁS ALLÁ

¿Por qué un predador es "aterrador?" Decídelo tu mismo.

- Elige algunas características aterradoras, como velocidad, tamaño, fuerza, dientes y garras.

- Usa este libro y la Internet para decidir cuántos puntos (máximo de 5 pts.) se merece cada característica aterradora del predador. Repite con tantos predadores como desees.

- Transfiere los resultados a una tabla o gráfico, y luego suma el total para obtener el "resultado aterrador" de cada animal.

PÁGINAS WEB

www.kidsbiology.com
Ofrece información sobre cientos de animales.

www.bigcats.com
Juega y mira fotos fantásticas de grandes felinos.

www.bears.org
¿Murieron todos los osos? Descúbrelo en esta página web.

www.worldwildlife.org
Una organización dedicada a proteger a los animales y su hábitat.

5 datos ATERRADORES

- Algunos científicos creen que el chimpancé macho es más peligroso que un león.

- Un lobo puede atacar a un bisonte, que es diez veces más grande que él.

- La ballena asesina golpea a las focas con su cabeza o con su cola.

- El oso polar puede matar a una morsa adulta, la cual es dos veces más grande que él.

- A menudo, el glotón se roba la presa de predadores más pequeños, como los zorros.

ÍNDICE